DA LA TALLA EN TU NUEVO PUESTO

Las claves para superar con éxito tus nuevos desafíos laborales

Por Bénédicte Palluat de Besset

Traducido por Laura Bernal Martín

Coaching en50MINUTOS.es

DA LA TALLA CUANDO TE INCORPORES A TU NUEVO CARGO Y ASIENTA TU CREDIBILIDAD DESDE EL PRINCIPIO

- **¿Problemática?** ¿Qué puntos fuertes tengo que cultivar y qué escollos debo evitar para salir triunfante de un periodo de prueba?
- **¿Utilidad?** Optimizar los primeros meses en un puesto de trabajo para ser legítimo enseguida y preparar tu futuro en la empresa.
- **¿Contexto?** Inserción en el mundo laboral, cambio de puesto, reanudación de la actividad laboral.
- **¿Preguntas frecuentes?**
  - ¿Cómo me preparo para comenzar a trabajar en mi nuevo puesto?
  - ¿Cómo gestiono mi ansiedad?
  - ¿Qué vestimenta elijo?
  - ¿Cómo me empapo de la cultura de la empresa?
  - ¿Cómo consigo que se acepten los cambios que me gustaría aportar?
  - ¿A quién le planteo mis preguntas?
  - ¿En quiénes puedo apoyarme?

Ya seas un joven recién titulado, un nuevo empleado o un asalariado al que acaban de ascender, asumir un nuevo cargo es, para todos, un periodo crucial en la vida profesional. El proceso de reclutamiento no finaliza hasta que pasan esos primeros meses, y también es este el periodo que predice el futuro del empleado en la empresa.

Independientemente de cómo haya ido el primer contacto durante la contratación, la llegada a un nuevo puesto es muy a menudo sinónimo de presión. Serás aceptado y reconocido en tu puesto y te sentirás lo suficientemente a gusto para hacer que las cosas avancen si te esfuerzas por adquirir rápidamente credibilidad ante tus interlocutores. Para obtener esta valiosa credibilidad, es preferible evitar ciertos errores y conocer los trucos que te permitirán comprender mejor lo que tu empleador espera de ti.

Al igual que los famosos 100 días en el mundo de la política, los primeros meses en una empresa son determinantes para demostrar nuestra eficacia y justificar nuestra presencia. Las agencias de reclutamiento, los responsables de recursos humanos y los jefes de empresa son conscientes de ello, y de ahí la importancia de preparar nuestra incorporación al cargo, de prestarle atención a nuestro nuevo entorno de trabajo y de gestionar nuestra comunicación lo mejor posible.

EL ABECÉ DEL RECIÉN INCORPORADO

Tanto si sales de un periodo de inactividad como si acabas de dejar tu puesto anterior, tendrás que prepararte para tus nuevas tareas. Esta preparación variará y se adaptará a tu situación y a tu perfil, pero descuidarla sería un grave error.

UNA BUENA PREPARACIÓN PARA UNA LLEGADA OPERATIVA

Asumir un nuevo cargo requiere de una gran inversión personal. Prepárate para pasar muchas horas en la oficina: delante de tu ordenador, en reunión o con tus nuevos compañeros. Estar muy presente al principio te permitirá identificar los retos del puesto, ajustar tus tareas a la realidad sobre el terreno y tener una buena visión global del funcionamiento de tu nueva empresa. Tu concentración deberá ser muy alta para captar toda la información oficial y extraoficial, ambas esenciales para empaparte de la cultura de tu nueva empresa. Para afrontar esta maratón, es importante estar descansado físicamente, obligarse a llevar un estilo de vida saludable y estar intelectual y psicológicamente disponible para almacenar, interpretar y analizar los nuevos datos.

PEQUEÑO PLUS

Al aceptar un nuevo puesto eres consciente de que tu tiempo libre se verá fuertemente reducido durante varios meses. Puede que los que te rodean no lo hayan comprendido, así que no dudes en advertir a tu familia, a tus hijos y a tus amigos. No siempre es fácil ver cómo tu tiempo de ocio se reduce, y menos todavía cuando no paras de recibir invitaciones y la gente no entiende por qué las rechazas.

En todo caso, infórmate sobre tu nuevo empleador; esto evitará que hagas preguntas cuya respuesta podrías haber conocido. Lee todo lo que encuentres sobre él. ¡Sé curioso! Algunas empresas publican un folleto de presentación destinado a sus nuevos trabajadores. Lee detalladamente el documento sin olvidarte de que no deja de ser una herramienta de comunicación que puede ser más o menos subjetiva.

Si sales de un periodo de inactividad profesional, puede que sea interesante trabajar tu concentración y tu memoria antes del gran día. Juegos de memoria, rompecabezas, enigmas, cálculos mentales, series lógicas, etc., son algunos de los ejercicios fáciles y lúdicos que te servirán de entrenamiento para ser más eficaz cuando vuelvas a trabajar. Igualmente, si durante tus meses de búsqueda de empleo tu ritmo de vida se ha visto truncado, recupera enseguida una cadencia regular y ponte (de nuevo) a hacer deporte.

Si, por el contrario, encadenas tu nuevo trabajo con un puesto anterior, intenta obtener al menos un mes de descanso entre tus dos contratos: no te vendrá mal para hacer balance de tu cargo precedente, reflexionar sobre lo que esperas de tu nuevo empleo y recargar las pilas. Aprovecha ese tiempo de descanso para romper con tu empleo anterior. Puedes anotar los puntos positivos de tu última experiencia, pero también los negativos. Pasar página de este periodo profesional que a partir de ahora forma parte del pasado te permitirá comenzar tu nueva actividad con una mirada fresca. Nunca es bueno incorporarse a un puesto sintiendo nostalgia por el anterior. Comparar las herramientas informáticas, los procesos y los métodos de gestión de tu nuevo entorno de trabajo con los del empleo precedente no es la mejor manera de legitimar tu contratación.

UNA ESCUCHA ACTIVA PARA UNA INTEGRACIÓN EXITOSA

Para asentar tu credibilidad, la primera etapa consiste en integrarte en tu nueva empresa. Para ello, presta atención a tu nuevo entorno laboral y mantente a la escucha para captar todas las pequeñas señales que recibas. En definitiva, ¡intenta entender el lugar en el que has aterrizado!

Por supuesto, préstale una gran atención a todo lo que se te diga, explique o confíe explícitamente. No dudes en tomar notas, o incluso en dejarlo todo por escrito. Preocúpate de organizar bien estos papeles y de releerlos a diario: el objetivo es asegurarte de que puedes acceder fácilmente a tus notas, de que son comprensibles y de que no hay zonas grises. Si algunos elementos son vagos o están incompletos, atrévete a preguntarle a tus nuevos compañeros. ¡Es completamente normal hacer preguntas cuando somos nuevos!

Además de todas estas indicaciones oficiales, existe información extraoficial, que a menudo es más difícil de interceptar y que, sin embargo, también es esencial si quieres encontrar tu lugar en la empresa. ¿Qué tal se llevan los miembros del equipo? ¿Cuáles son las costumbres en lo que se refiere a pausas para el café o a la hora de la comida? ¿Quién te parece especialmente distante? Al observar activamente tu nuevo entorno de trabajo, descubrirás quiénes son las personas de confianza —a las que podrás hacerles preguntas y en las que te podrás apoyar—, pero también aquellas con influencia o con un comportamiento más diplomático. Si no solo estás a la escucha de la cultura de tu empresa sino también de cada uno de tus interlocutores, estarás capacitado para comprender y analizar sus expectativas. Esta etapa es primordial para construir tu credibilidad. De hecho, la credibilidad es un fenómeno totalmente subjetivo, por lo que se atribuye a las personas en función de la interpretación de cada uno, que calificará a otro de creíble en función de sus propias esperanzas y necesidades.

UNA COMUNICACIÓN SENSATA PARA QUE SE RECONOZCAN TUS COMPETENCIAS

Nunca lo diremos lo suficiente: saber comunicar constituye una gran baza a la hora de triunfar. Por mucho que tengas las competencias y la experiencia requerida, si no transmites bien tus conocimientos y no haces valer tus puntos fuertes, te resultará complicado abrirte camino.

Cuida tu apariencia

Ya en el siglo I a. C., Quintiliano, profesor de retórica en Roma, había comprendido bien la importancia de la apariencia, ya que le enseñaba a sus estudiantes que «Vestis virum reddit» («La ropa hace al hombre», Monroy 2012). *A fortiori*, en una sociedad de la imagen, la primera impresión es determinante, así que elige una vestimenta adaptada a tu función y en la que te sientas cómodo. No descuides tus manos y tu peinado, y presta especial atención a tu postura. Observa cómo alguien que se mantiene erguido, que sonríe y al que no le da miedo a mirar a los ojos a sus interlocutores inspira profesionalidad, simpatía y confianza. Todas estas pequeñas señales externas te dan un aspecto global que tus compañeros desearán analizar para intentar saber quién eres. No olvides que, de media, tres segundos son suficientes para juzgar a una persona, y que esta apreciación, para más de la mitad, se basa en la apariencia externa.

Preséntate

Si no se le ha encomendado a nadie la tarea de presentarte en la empresa y de enseñarte los distintos departamentos, pide reunirte con tus nuevos compañeros o toma tú mismo la iniciativa de hacerlo. Muéstrate sonriente, educado y cordial con todo el mundo, desde el empleado de la limpieza hasta el presidente. Recuerda siempre que te sea posible el nombre de cada persona y, si la memoria te juega malas pasadas, pídele a la persona cuyo nombre has olvidado que vuelva a presentarse cuando os volváis a cruzar. ¡No esperes, ya que correrías el riesgo de no poder volver a plantear la pregunta sin sentirte avergonzado!

Tampoco descuides el tono que empleas para dar tu opinión o para presentarte. Confía en ti, comunícate con determinación y dinamismo. Una persona que inspira confianza y que transmite energía tiene la capacidad de motivar a los equipos. Se trata de un rasgo de la personalidad útil y muy buscado.

Sé positivo

Mientras que la crítica nunca hace que las cosas avancen y no te ayudará a que se te reconozca en tu puesto, una actitud positiva y entusiasta resulta constructiva. Esto no quiere decir que no haya que proponer cambios, al contrario. Empieza poniendo de relieve los elementos eficaces ya existentes, lo que te permitirá que tu interlocutor te escuche con atención y benevolencia. Así, estará dispuesto a acoger con los brazos abiertos las propuestas de mejora.

Combina prudencia con iniciativa

No es sencillo saber encontrar el tono adecuado para hacer valer nuestro trabajo sin destacar y sin arriesgarnos a que nos tomen por un sabelotodo. Por eso resulta esencial mantener la modestia y la prudencia, al mismo tiempo que mostramos con bastante rapidez nuestra capacidad para realizar propuestas y ofrecer iniciativas. En resumen, hay que ser visible, pero no demasiado.

No busques llamar la atención de la jerarquía demasiado rápido. Saltarse etapas no es una buena estrategia. Intégrate en tu equipo, en los departamentos con los que tendrás que colaborar, y haz que se fijen en ti no solo cuando seas perfectamente operativo, sino sobre todo cuando crees valor añadido. Podrá ser interesante que se fijen en ti cuando hayas llegado a este famoso umbral de rentabilidad, a partir del cual aportarás un plus a tu empleador.

Emplea un lenguaje claro

Comunicar adecuadamente también es mostrar que no solo has entendido las expectativas de tu empleador y los retos de los distintos proyectos, sino que también eres capaz de estructurar y de organizar los datos que se te transmiten. Expresarte con claridad y pertinencia es un importante punto fuerte y una cualidad apreciada tanto por los subordinados y los trabajadores como por los superiores jerárquicos.

Tampoco descuides tu comunicación escrita. Responde con rapidez a tus correos electrónicos, incluyendo un asunto si no aparece ya, así como una firma al final del mensaje que permita contactar contigo con facilidad. Organiza tus reuniones con una hora de inicio y de fin, un lugar y un orden del día. En tus informes y actas, privilegia las frases cortas y las listas con viñetas; este tipo de presentación supone un ahorro de tiempo para el lector y facilita la buena asimilación del contenido.

Consigue una entrevista a medio plazo

Cuando lleves un mes en tu nuevo puesto, es sensato pedirle una entrevista a tu superior jerárquico directo para realizar un primer balance de tu trabajo, poner de relieve tus logros, señalar los puntos de mejora y explicitar las expectativas para las próximas semanas y meses. Se trata de una reunión deseable, ya que te permitirá sentirte más motivado para la segunda parte de esta maratón, pero también ajustar si fuera necesario tu estrategia para poner toda la suerte de tu parte con el fin de garantizar tu futuro en la empresa. Si tu superior directo no toma la iniciativa de organizar esta reunión, atrévete a pedirla. Esta petición no se puede interpretar erróneamente, ya que da fe de tu implicación y de tu preocupación por hacerlo bien.

ALGUNAS ESPECIFICACIONES

La primera experiencia laboral

Ayer todavía eras estudiante y aquí estás ahora, inmerso en el mundo de la empresa. Existen dos errores que conviene evitar:

- el exceso de autoconfianza, sobre todo si sales de una universidad de renombre o de una facultad con buena reputación. Por supuesto que tienes un buen diploma, pero todavía tienes muchas cosas que aprender, y la mayoría de las personas que te rodean tienen mucha más experiencia que tú. Tu empleador apreciará que no seas arrogante, que plantees preguntas y que aceptes tus errores para progresar mejor;

- la falta de autoconfianza. No te desvalorices. Está claro que no tienes mucha experiencia profesional, pero si has sido elegido para ocupar el puesto se debe a que tienes las competencias necesarias para desempeñarlo. Te mereces este trabajo y estás en el lugar correcto. Tus ganas de aprender, tu juventud y tu energía son cualidades valiosas y muy buscadas, así que aprende a lograr su reconocimiento.

El puesto de dirección

Si te pones a la cabeza de un equipo, es imperativo que te tomes el tiempo de conocer a cada persona individualmente. Prevé con rapidez un plan de trabajo y envía las peticiones de reunión correspondientes.

Descubre cómo informarte sobre posibles contenciosos o sobre las dificultades relacionales dentro del grupo. Si es posible, realizar una entrevista —aunque sea rápida— con tu predecesor sería muy positivo. Si uno de los miembros del equipo codiciaba tu puesto, lo mejor es que lo sepas enseguida. Los primeros contactos pueden ser complicados, por lo que lo mejor es prepararse para intentar allanar el terreno.

Sin dejar de mostrarte sonriente y cordial, opta por una gestión un poco rígida en un primer momento, incluso si eso requiere ser más flexible en el futuro en vez de serlo desde el principio y tener que poner a cada cual en su sitio más tarde, algo que no sería agradable para nadie.

Finalmente, para asentar tu credibilidad desde el principio, privilegia las acciones concretas y breves a los grandes proyectos faraónicos. Esta estrategia te permitirá lograr rápidamente pequeñas victorias junto a tu equipo.

Recuerda que una persona que se siente considerada y reconocida está más motivada y, en general, es más fácil de dirigir. Tampoco dudes en utilizar el nombre propio de tu interlocutor para darle las gracias o confiarle una misión. Un «Gracias, Pierre» vale mucho más que un simple «Gracias».

Si te conviertes en el mánager de tus antiguos colegas, deben evitarse varios errores propios a esta situación:

- no asumir tu nuevo estatus y garantizarle a tu nuevo equipo que este nombramiento no cambia nada. Existen otras formas mejores de asentar tu autoridad como mánager, tener credibilidad y lograr que las cosas avancen.
- mostrar favoritismo. Por supuesto, tienes el derecho de conservar y de mantener tus amistades, pero en el ámbito del trabajo tienes que ser justo e imparcial con los miembros de tu equipo;
- olvidar adoptar una cierta reserva. Ayer todavía podías ser muy crítico con la política de la empresa o con el comportamiento de su director. Ahora ya no puedes permitirte estos mismos comentarios sobre tu jerarquía, que espera de ti un cierto apoyo.

La prórroga del periodo de prueba

Tu periodo de prueba puede ser prorrogado si esta opción aparece explícitamente mencionada en tu contrato de trabajo. No te preocupes si tu empleador decide valerse de esta cláusula: se trata de una política adoptada hoy en día por numerosas empresas. Hay que recordar que el mercado de trabajo no solo es complicado para ti como asalariado, sino que también lo es para las empresas. En un complicado contexto económico, tu jerarquía no domina necesariamente los retos y los objetivos de la empresa a largo (o no tan largo) plazo y privilegia la prudencia, ¡así que no pierdas la confianza en ti! Al contrario, continúa demostrando que eres una suerte para tu reclutador y que puedes lograr que las cosas avancen, siempre manteniendo una actitud modesta y positiva. Sin embargo, no dejes pasar la oportunidad que te brinda esta situación para pedir una reunión con tu jefe con el objetivo de conocer los puntos positivos y los ejes de mejora.

PREGUNTAS FRECUENTES

¿CÓMO ME PREPARO PARA COMENZAR A TRABAJAR EN MI NUEVO PUESTO?

Preparación física

Adopta un ritmo de vida sano, a ser posible incluyendo deporte. Llegar tranquilo y con las pilas cargadas para afrontar este intenso periodo no puede ser más que positivo. Obligarse a mantener un buen estilo de vida te permitirá aguantar a largo plazo.

Preparación mental

Hacer balance de tu última experiencia profesional y ser consciente de que al comenzar en un nuevo puesto se cierra un capítulo es fundamental para incorporarte al cargo con éxito. Gracias a este trabajo sobre ti mismo, tu mente estará completamente disponible para tu nueva misión. Así podrás apoyarte en tus puntos fuertes y analizar esta nueva situación desde otra perspectiva para aportar un verdadero valor añadido.

¿CÓMO GESTIONO MI ANSIEDAD?

Dite a ti mismo que te han elegido porque posees las competencias y las cualidades necesarias. Actualmente, no son precisamente candidatos lo que falta, por lo que el que hayas sido seleccionado significa que eres la persona adecuada para ocupar el puesto. ¡Confía en ti mismo! Como dijo Goethe (escritor alemán, 1749-1832) en su obra *Fausto,* «basta que tengáis confianza en vos mismo, para que no os falte de los demás» (Goethe 2003).

¿QUÉ VESTIMENTA ELIJO?

Dado que la primera impresión es determinante, es sensato que prestes especial atención a tu vestimenta. Si tu actividad implica un contacto directo con los clientes, opta por ropa formal —traje y corbata para hombres y traje de chaqueta para las mujeres—. Si desconoces el código de vestimenta de tu nueva empresa, piensa en la ropa que llevaban tus reclutadores durante tu entrevista de contratación, pero también en la del personal con el que te cruzaste o viste de lejos durante tus visitas a los locales de la compañía.

¿Es necesario recordar que se deben evitar los vaqueros rotos y las zapatillas deportivas, así como los escotes demasiado amplios y las faldas exageradamente cortas para las mujeres? Has de saber que siempre es preferible ir demasiado bien vestido que no lo suficiente, y que hay que evitar ciertos colores demasiado vivos —excepto pequeños toques—. Finalmente, no partas del principio de que el viernes es *casual*. Espera a ver cuál es la costumbre.

¿CÓMO ME EMPAPO DE LA CULTURA DE LA EMPRESA?

Optar por una escucha activa es la mejor manera de integrarse en los códigos de la empresa. Muéstrate atento a las costumbres de tu equipo. ¿A qué hora llegan los trabajadores a la oficina? ¿Cuándo se van? ¿Hay pausas? ¿Se habla de «tú» o de «usted»?

Muéstrate también atento y reactivo para dominar lo antes posible las herramientas de trabajo y los procesos en vigor. Si quieres que todos te acepten, lo primero que tienes que hacer es familiarizarte con las costumbres. No es precisamente en estos aspectos relativos al saber convivir y a las aptitudes interpersonales donde tienes que marcar la diferencia.

¿CÓMO CONSIGO QUE SE ACEPTEN LOS CAMBIOS QUE ME GUSTARÍA APORTAR?

Destacarás de forma positiva si te conviertes en una fuerza de proposición y de iniciativa. Para conseguirlo, debes mostrarte siempre positivo. Podemos proponer mejoras sobre el funcionamiento del día a día o cambios de rumbo de proyectos de gran envergadura, con la condición de valorar siempre lo que ya se ha hecho. Apoyarse en los elementos positivos y eficaces que ya existen es un principio básico para que tus compañeros te oigan y te escuchen. Ser positivo es una cualidad poco común y apreciada de forma bastante universal; se trata de una de las claves principales para asentar tu credibilidad.

¿A QUIÉN LE PLANTEO MIS PREGUNTAS?

Tu superior jerárquico directo es el más capacitado para responder a todas tus preguntas, y es completamente legítimo que te dirijas a él. Esta persona ha participado en tu reclutamiento, es ella la que fija tus objetivos y la que te convocará para reuniones anuales de evaluación. No tengas miedo a hacerle preguntas: es normal que, al asumir un nuevo cargo, no lo sepas todo y necesites precisiones. No olvides que a tu jefe le interesa que tu incorporación al puesto vaya sobre ruedas. Ha invertido el suficiente tiempo y dinero en tu reclutamiento como para desear que esta operación sea un éxito.

¿EN QUIÉNES PUEDO APOYARME?

En este punto, para detectar a las personas de confianza, también son vitales la observación y la escucha. Hay que distinguir, por una parte, a las personas con influencia, y por otra, a las que parece que confían en ti y te hablan mucho. En términos generales, mantente atento a lo que se te dice y no dudes en hablar sobre temas relativos a tu puesto, pero no desveles tu vida privada. ¡Estás en el trabajo, no en un círculo de amigos! Recuerda también que puede haber menos competencia con un homólogo del departamento vecino que con un colega con el que trabajas en pareja. A veces es más prudente hacerle al primero las preguntas delicadas.

LOS MEJORES CONSEJOS

- **Anticipa**. Preparar tu incorporación al puesto es poner toda la suerte de tu parte para estar operativo y reactivo desde el día D y para poder dedicarle un máximo de tiempo a tus nuevos retos profesionales.
- **Cuida tu imagen**. Vestimenta, postura, expresión oral... no hay que descuidar nada. Tus compañeros te juzgarán por primera vez basándose en esta impresión inicial, y si esta imagen es negativa, te perseguirá durante mucho tiempo.
- **Sé positivo**. Ve el lado bueno de las cosas, pon de relieve las acciones eficaces que se han llevado a cabo, las herramientas ya en vigor en la empresa, muéstrate sonriente. Una actitud y un estado mental positivo son constructivos; crean un clima de confianza y de motivación.
- **Demuestra una capacidad organizativa**. Clasifica enseguida todos los documentos que se te entreguen, no dejes tu mesa desordenada y haz que esta mente despejada y organizada se refleje en tus correos electrónicos y cuando tomes la palabra. Asimismo, estructura tu toma de notas. Vas a tener que almacenar en la memoria una gran cantidad de información en poco tiempo, y si esta se encuentra organizada la asimilarás y la encontrarás más fácilmente.
- **Sé discreto**. No alardees de tus últimos éxitos profesionales ni de tu vida privada. Una escucha atenta es preferible a una conversación inoportuna.
- **Escucha, analiza, anota**. Empaparse de la cultura de tu empresa es lo primero que hay que hacer si se quiere

evitar cometer errores. No te saltes etapas queriendo pasar rápidamente a la realización y a la toma de la palabra; esta escucha atenta es primordial para llevar a cabo acciones contundentes y con un objetivo determinado.

- **Define las prioridades**. Sin duda, va a haber cambios. De hecho, la novedad que aportarás es uno de los motivos por los que se te ha contratado y por el que se te evaluará. Durante los primeros meses, prioriza mejoras rápidas y visibles. Se trata de un medio eficaz para ser aceptado y para asentar tu credibilidad para poder, a continuación, llevar a cabo acciones más profundas a largo plazo.
- **Comunica**. Atrévete a hacer preguntas, pide aclaraciones y consejos. El objetivo es saber presentar las cosas y apoyarse en los buenos interlocutores.
- **Rodéate de las personas adecuadas**. Detecta a las personas de confianza, a los empleados influyentes y a los compañeros a los que definitivamente tendrás que convencer para crecer en la empresa. Construir tu equipo, crear tu red y poder apoyarte en personas fiables es una valiosa baza para avanzar.
- **Confía en ti mismo**. Nadie te confiará tareas significativas o proyectos clave si dudas de ti y de tus competencias. Como dijo Emerson (escritor y filósofo estadounidense, 1803-1882), «la confianza en sí mismo es el primer secreto del éxito» (Yarce 2005, 119).

¡AHORA ES TU TURNO!

ANTICIPACIÓN Y PREPARACIÓN

Para efectuar una ruptura entre tus dos puestos y reflexionar acerca de lo que te espera en el nuevo, crear tablas de síntesis puede revelarse un ejercicio interesante.

En una primera tabla, indicarás por un lado los puntos positivos de tu última experiencia profesional y, por el otro, los negativos. Para cada punto negativo intentarás evaluar tu grado de responsabilidad: error técnico, mala comprensión de la situación, falta de comunicación, etc. La tabla que presentamos a continuación ofrece algunos ejemplos para ayudarte a empezar tu reflexión.

Puntos positivos	Puntos negativos	Mi grado de responsabilidad
Tomas de iniciativa y propuestas de mejora bien acogidas.	Mala relación con el superior jerárquico.	Falta de observación de los comportamientos y problema de comunicación.
Buen respeto de los *plannings* y de los plazos establecidos.	Reparto no óptimo de las tareas en el equipo.	Mal análisis de las competencias de los miembros del equipo.
Mejora de la coordinación entre los departamentos.	Errores técnicos en algunos expedientes.	Dificultad a la hora de rodearse de personas competentes en caso de problemas.

Otra tabla consistirá en comparar los puntos comunes y las diferencias entre tu antiguo puesto y el que acabas de obtener. Infórmate todo lo posible sobre tu nuevo empleo y analiza la ficha de tu puesto en profundidad para preparar el trabajo de la mejor manera posible. Así, antes de la fecha de tu incorporación sabrás cuáles son tus cualidades, los elementos que dominas, tus puntos débiles y los aspectos que tienes que mejorar. Al ser consciente de las posibles dificultades a las que te enfrentarás, podrás identificarlas y empezar a prepararte para superarlas.

	Antiguo puesto	Nuevo puesto
Empresa		
Sector		
Número de empleados		
Puesto		
Tipo de puesto		
Número de personas que gestionar		
Situación en el organigrama		
...		

Estas tablas de síntesis no deben incitarte a quedarte encerrado entre cuatro paredes y a partir del principio de que ya sabes mucho sobre lo que te espera. Al contrario, su objetivo es que llegues con la mente abierta para darle un nuevo impulso al equipo.

Preocúpate no solo por anotar toda la información que se te ofrezca o que interceptes, sino también las ideas que tendrás desde el primer día. Por supuesto, no podrás verbalizarlas directamente: tu primer papel al asumir tu cargo consiste en escuchar y preguntar. Sin embargo, aprovecha esta mirada fresca para apuntar tus primeras percepciones e inspiraciones. Cuando te hayas empapado de la cultura de la empresa, verás si hay que profundizar u olvidar estos borradores.

Hazte con un cuaderno y divídelo en varias partes.

- **Formación**: todo lo que aprendes sobre tu función y tu misión, ya sean objetivos, tareas o personas con las que tendrás que trabajar. Si piensas en formaciones que necesitarías para cumplir tu misión o para realizarla con más eficacia, anótalas también.
- **Preguntas**: las preguntas que se te ocurran, anotando la o las personas a las que hacérselas.
- **Ideas de mejora o de crecimiento**.
- *To do list*: anota en sucio y en cuanto se te ocurran todas las tareas en las que pienses, sin olvidarte de organizarlas y planificarlas después.

AUTOESTIMA Y CREDIBILIDAD

Mientras que la autoestima solo depende de la visión que tenemos de nosotros mismos según nuestra interpretación personal, la credibilidad la deciden las personas que nos rodean en función de sus propios criterios. De esta forma, solamente trabajar en uno mismo permite adquirir una buena autoconfianza, condición esencial —pero no suficiente— para que los demás nos consideren creíbles. Para completar este proceso, también tendrás que mostrarte a la escucha de los que te rodean para comprender la interpretación de la que parten tus compañeros.

Este parámetro es un factor clave del éxito profesional, así que sé activo para explotarlo al máximo. Trabaja en tu credibilidad desde tu llegada a la nueva empresa. Para ello, anota en forma de tabla los siguientes datos y actualízalos siempre que te sea posible. La idea de empezar a hacerlo desde el principio radica en evitar perder legitimidad antes de haber llegado a establecer tu estrategia.

Nombre de la persona	
Nivel de importancia	1, 2 o 3, en función de la influencia de la persona, de su papel con relación a tu propia misión, de su capacidad para convencer a los equipos, etc.
Criterios	¿Cuáles son los elementos que tienen valor para esta persona: la competencia profesional, los estudios, una comunicación de calidad...?
Dificultad de la misión	En tu opinión, ¿qué grado de dificultad presenta el hecho de obtener de esta persona la credibilidad que buscas?

Evidentemente, esta tabla no es fija. La credibilidad evoluciona en el tiempo y en el espacio: los criterios cambian en función de la coyuntura y de la composición de los servicios.

¡Tu opinión nos interesa!
¡Deja un comentario en la página web de tu librería en línea,
y comparte tus favoritos en las redes sociales!

PARA IR MÁS ALLÁ

FUENTES BIBLIOGRÁFICAS

- Anguenot, Fabrice. 2014. "Managers, préparez bien votre prise de poste". *La Lettre du Cadre*. 14 de noviembre. Consultado el 29 de junio de 2017. http://www. lettreducadre.fr/10113/bien-manager-quelques-notions-pour-preparer-sa-prise-de-poste/
- Chantrel, Yan. s. f. "Réussir son arrivée dans l'entreprise". *CarriereOnline.com*. Consultado el 29 de junio de 2017. http://www.carriereonline.com/e/reussir-son-arrivee-dans-l-entreprise.html
- Devinat, Antoine. s. f. "Accroître sa crédibilité, une condition essentielle à la réussite d'un gestionnaire". *Ordre des conseillers en ressources humaines agréés*. Consultado el 29 de junio de 2017. http://www.portailrh. org/gestionnaire/fiche.aspx?p=461156
- Cristianmonroy, "50 célebres frases en latín creadas por las mentes más brillantes de la historia", 2012. Consultado el 29 de junio de 2017. http://www.cristian-monroy.com/2012/10/50-celebres-frases-en-latin-crea-das-por-la-mentes-mas-brillantes-de-la-historia.html
- Pacheco Gómez, Máximo. 1997. *La abogacía y sus opciones profesionales*. Santiago de Chile: Editorial Jurídica de Chile.
- Reto, Tiphaine. 2011. "Les six clés pour réussir son intégration en entreprise". *Cadremploi*. 7 de junio. Consultado el 29 de junio de 2017. http://www.cadrem-ploi.fr/editorial/conseils/conseils-carriere/detail/article/les-six-cles-pour-reussir-son-integration-en-entreprise.

html

- Watkins, Michael. 2013. *90 jours pour réussir sa prise de poste*. 2.ª ed. Montreuil: Pearson.
- Yarce, Jorge. 2005. *El Poder de los Valores en las organizaciones*. Naucalpan de Juárez: Ediciones Ruz.

FUENTES COMPLEMENTARIAS

- Desharnais, René. 2010. *Tout est une question de crédibilité*. Quebec: Les éditeurs réunis.
- Goethe, J. W. 2003. *Fausto*. Ciudad de Buenos Aires: Biblioteca Virtual Universal.
- Mennechet, Armand. 2008. *Réussir sa période d'essai*. París: Studyrama.

en50MINUTOS.es
Historia
Economía y empresa
Coaching
Book Review
Salud y bienestar
EL DIAGRAMA DE ISHIKAWA
Material Método Máquina
Madre Naturaleza Medida Hombres
LA GUERRA DE PALESTINA DE 1948
DOMINA EL ARTE DEL NETWORKING
¡APRENDER NUNCA ANTES FUE TAN RÁPIDO!
www.en50minutos.es

www.en50Minutos.es

ISBN ebook: 9782806299116

ISBN papel: 9782806299123

Depósito legal: D/2017/12603/366

Libro realizado por <u>Primento</u>, *el socio digital de los editores*